DATE: ……………………………………

THIS JOURNAL BELONGS TO

……………………………………………………………

……………………………………………………………

……………………………………………………………

……………………………………………………………

Made in the USA
Monee, IL
24 March 2022

93470480R00072